I0419590

SAMMY GRÜSST DIE CUTE PETS

FÜR MEINEN EHEMANN

ALLE RECHTE IN DIESEM BUCH SIND DEN AUTOREN VORBEHALTEN!

AUTOREN / COVER / BILDER

DIRK L. FEILER

TANJA FEILER

CHAT MIT SAMMY

ES IST MAL WIEDER SOWEIT, DIE CUTE PETS CHATTEN MIT DEM EHEMALIGEN WG MITGLIED SAMMY. WAS SIE NICHT WISSEN: SAMMY HAT IHNEN JEDE MENGE POSTKARTEN – DIGITALE GRUSSKARTEN GESCHICKT.

ES SIND BILDER, AUF DENEN SAMMY DRAUF IST. GOOD PET IST DAMALS EINGEZOGEN, ALS SAMMY AUSGEZOGEN IST.

UND JETZT?

NATÜRLICH WOLLEN DIE CUTE PETS SAMMY AUCH BILDER SCHICKEN. MICHELLE UND IHR EHEMANN X SCHICKEN BILDER IHRER HOCHZEIT.

NATÜRLICH SCHICKEN ANGELINA UND MAEHI AUCH HOCHZEITSBILDER

JETZT SIND ALLE GESPANNT, WAS SAMMY ZU DEN BILDERN SAGEN WIRD...

SING THE DAYCARE SONG ALL TIME LONG

www.ingramcontent.com/pod-product-compliance
Lightning Source LLC
Chambersburg PA
CBHW050932290526
45792CB00002B/987